正向教育
故事系列

大象波波，
請一起分享

蘇·格雷夫斯 著　　　特雷弗·鄧頓 圖

新雅文化事業有限公司
www.sunya.com.hk

正向教育故事系列

　　《正向教育故事系列》全套10冊，**旨在培養孩子正向的性格強項，發揮個人潛能，活出更精彩豐盛的人生。**

　　在《正向教育故事系列》裏，動物們遭遇到一些孩子普遍會遇到的困境，幸好他們最後都能發揮相關的性格強項，完滿地解決事情，還得到意外驚喜。

　　小朋友，準備好了嗎？現在，就讓我們進入正能量世界，一起跟着

 鱷魚卡卡學**毅力**　　　　 大象波波學**仁慈**

 豹子達達學**團隊精神**　　 長頸鹿高高學**公平**

 河馬胖胖學**正直**　　　　 獅子安安學**希望**

 猴子奇奇學**審慎**　　　　 烏龜娜娜學**勇敢**

 老虎哈哈學**自我規範**　　 犀牛魯魯學**社交智慧**

　　每冊書末還設有**親子/師生共讀建議**，幫助爸媽和孩子說故事呢！

 升級功能

　　本系列屬「新雅點讀樂園」產品之一，若配備新雅點讀筆，爸媽和孩子可以使用全書的點讀和錄音功能，聆聽粵語朗讀故事、粵語講故事和普通話朗讀故事，亦能點選圖中的角色，聆聽對白，生動地演繹出每個故事，讓孩子隨着聲音，進入豐富多彩的故事世界，而且更可錄下爸媽和孩子的聲音來說故事，增添親子閱讀的趣味！

　　「新雅點讀樂園」產品包括語文學習類、親子故事和知識類等圖書，種類豐富，旨在透過聲音和互動功能帶動孩子學習，提升他們的學習動機與趣味！

　　家長如欲另購新雅點讀筆，或想了解更多新雅的點讀產品，請瀏覽新雅網頁 (www.sunya.com.hk)或掃描右邊的QR code進入 。

如何使用**新雅點讀筆**閱讀故事

① 下載本故事的聲音檔案

1. 瀏覽新雅網頁(www.sunya.com.hk) 或掃描右邊的QR code 進入 新雅・點讀樂園。

2. 點選 下載點讀筆檔案 ▶。

3. 依照下載區的步驟說明，點選及下載《正向教育故事系列》的聲音檔案至電腦，並複製至新雅點讀筆的「BOOKS」 資料夾內。

② 點讀故事和選擇語言

啟動點讀筆後，請點選封面，然後點選書本上的故事文字或說話的人物，點讀筆便會播放相應的內容。如想切換播放的語言，請點選每頁左上角的 粵 ☆ 普 圖示，當再次點選內頁時，點讀筆便會使用所選的語言播放點選的內容。

 粵語
朗讀故事

 粵語
講故事

 普通話
朗讀故事

❸ 播放整個故事

如想播放整個故事請點選下面的圖示：

選擇語言

粵語
朗讀故事

粵語
講故事

普通話
朗讀故事

播放整個故事

播放

暫停

停止

❹ 製作獨一無二的點讀故事書

爸媽和孩子可以各自點選以下圖示，錄下自己的聲音來說故事！

① 先點選圖示上爸媽錄音 或 孩子錄音 的位置，再點 OK，便可錄音。

② 完成錄音後，請再次點選 OK，停止錄音。

③ 最後點選 ▶ 的位置，便可播放錄音了！

④ 如想再次錄音，請重複以上步驟。注意每次只保留最後一次的錄音。

爸媽請使用
這個圖示錄音

孩子請使用
這個圖示錄音

　　大象波波十分自私，他不願意跟別人分享任何東西。他不願意分享他的糖果。

糖果

　　他也不願意分享他的玩具。

波波不願意跟別人分享他的遊戲。他覺得所有東西都是自己的。

　　在學校裏，波波不願意分享他的顏料。
有一次，當猴子用光了黃色顏料，波波不肯
借給他，還說這些顏料是屬於他的。猴子覺
得波波真的很自私。

　　休息的時候，河馬發現自己忘記帶小食
回校，波波立即大口大口地吃自己的小食，
還說小食是屬於他的。河馬覺得波波真的很
自私。

在星期五的閱讀時間，波波霸佔着圖書角，他不願意跟任何人分享圖書。小獅子説波波每次也只能閱讀一本書，為什麼不肯跟別人分享。可是波波説他想把所有書都留給自己。

小獅子忍無可忍，把事情告訴了大鳥老師。大鳥老師說圖書角是屬於大家的，波波是不能霸佔的啊！

　　休息的時候，波波在叢林裏找到一個舊足球。大家都説不如來一場足球比賽，但是波波認為足球是他找到的，所以是屬於他的，而他不想分享就可以不分享。大家都很生氣，覺得波波實在太自私了。

星期六的早上，波波的祖母來探望他，並帶來了一份禮物。原來是一套閃亮的棒球套裝。棒球的顏色是波波最愛的紅色，球棒的柄子是藍色的。波波覺得這是世上最好的棒球套裝。

嗖！波波把棒球拋出去！他很用力地拋，於是球飛得很遠很遠。

波波又揮一揮棒。唔……揮得真好，他非常滿意。

接着，波波嘗試先
拋球，再揮棒擊球……
但他無法做到。

他再嘗試先揮棒擊球，再
接球……但他也無法做到。

波波很不開心，
他覺得這樣的棒球一
點都不好玩。

　　波波開始想找朋友一起玩，他發現大伙兒都在沼澤旁邊打棒球。他們的棒球殘殘舊舊的，一點都不閃亮，而那枝球棒也已經變彎和破損了。可是，大家都玩得很快樂。

波波告訴他的朋友，他有一套全新的棒球套裝，棒球是紅色的，還有亮麗的球棒。可是，他的朋友一點都不感興趣，因為他們覺得只要大家一起玩，便非常快樂。

　　波波也想跟朋友一起玩，可是大家都説不可以，因為波波一向不愛分享，所以他們也不想跟波波一起玩了。波波傷心地回家去了。

　　波波在花園裏遇見祖母。祖母問波波為何這樣傷心。波波說他的朋友不願意跟他分享，因為自己也從來沒有跟別人分享。波波很希望可以補救過來。祖母請他想想可以怎樣做。

22

波波用心地想了想。他說他要為自己自私的行為跟朋友們道歉。他說要邀請朋友來跟他一起玩棒球。祖母說這些主意都很好。

　　於是，波波去了找他的朋友。他為自己一直不願意分享的行為向他們道歉，也答應以後都不會再那麼自私了。然後，波波又邀請他們一起玩棒球，這次大家都答應了。

朋友們來到波波家一起玩，他們拋着那閃亮的紅色棒球，揮動着那亮麗的球棒，十分高興。

波波讓大家輪流揮動球棒。

他也讓大家輪流拋棒球。

現在波波都能跟大家一起玩！這真是一場最好的棒球比賽，波波感到十分快樂。

下午茶的時候，祖母親手做了一個有很多櫻桃的大蛋糕，看起來十分美味。波波把蛋糕切開一件一件的，分給每個朋友，而且每件蛋糕上都有一顆櫻桃。波波說能夠跟朋友們分享，真是一件快樂的事。大家都非常同意呢！

認識正向心理學的 24 個性格強項

　　正向心理學之父馬丁·賽里格曼 (Martin Seligman) 與其他學者合作，研究出一套以科學驗證為基礎的正向心理學理論，提出每人都能培育及運用所擁有的性格強項，活出更豐盛的人生。

　　正向心理學中的性格強項分成 6 大美德 (Virtues)，共 24 個性格強項 (Character Strengths)。只要我們好好運用性格強項和應用所累積的正向經驗，日後無論是在順境或逆境中，我們仍然能從中獲得快樂及寶貴的經驗。

現在，一起來認識 24 個性格強項：

智慧與知識
(Wisdom & Knowledge)
喜愛學習 (Love of Learning)
開明思想 (Judgement)
洞察力 (Perspective)
創造力 (Creativity)
好奇心 (Curiosity)

勇氣
(Courage)
正直 (Honesty)
勇敢 (Bravery)
熱情與幹勁 (Zest)
毅力 (Perseverance)

節制
(Temperance)
謙遜 (Humility)
審慎 (Prudence)
寬恕 (Forgiveness)
自我規範 (Self-regulation)

24 個性格強項

公義
(Justice)
公平 (Fairness)
團隊精神 (Teamwork)
領導才能 (Leadership)

靈性與超越
(Transcendence)

仁愛
(Humanity)
愛 (Love)
仁慈 (Kindness)
社交智慧 (Social Intelligence)

希望 (Hope)
感恩 (Gratitude)
幽默感 (Humour)
靈修性 (Spirituality)
對美麗和卓越的欣賞
(Appreciation of Beauty and Excellence)

故事中主角所發揮的性格強項

　　大象波波從不愛跟人分享，他覺得所有東西都是屬於自己的。他甚至想一個人獨享圖書角裏的書，從沒想過要給別人平等享有機會。動物們都覺得大象實在太自私了。

　　後來，祖母送給大象一套全新的棒球套裝，大象發現自己不可能一個人玩棒球，也不快樂。於是他想去找動物們一起玩，可是大家都不覺得要跟波波分享了，因為波波也從不會跟別人分享。最後波波發揮了**公平**這個性格強項，**減少獨佔的慾望**，他邀請朋友們**輪流**玩棒球，也**平均**分給他們每人一件蛋糕。波波學習**分享**和**付出**，使自己和別人都感到快樂！

親子 / 師生共讀建議

讀完故事後，和孩子談談這本書：

1 與孩子談談故事情節，鼓勵孩子按時間順序複述故事的情節。

2 與孩子談談波波不願分享的事情。請孩子想一想自己是否曾經把所有玩具據為己有？鼓勵孩子說出為何不想與人分享的原因。

3 鼓勵孩子分享一些個人經歷。是否曾經有人不肯跟自己分享呢？自己又有什麼感受呢？

4 與孩子談談與人分享的好處。例如當一起玩集體遊戲和吃東西時，可以跟朋友共渡快樂的時光。

5 與孩子談談如何跟那些不願意和人分享的人相處呢？他們可以怎樣幫助這些不願意分享的人？指出鼓勵別人分享的最好方法就是以身作則，成為榜樣。

6 請孩子想一想為什麼波波會跟朋友們說「對不起」呢？孩子覺得這樣做重要嗎？鼓勵他們說出想法。

正向教育故事系列（修訂版）

大象波波，請一起分享

作　　者：蘇·格雷夫斯（Sue Graves）
繪　　圖：特雷弗·鄧頓（Trevor Dunton）
翻　　譯：張碧嘉
責任編輯：趙慧雅、龐頌恩、劉紀均
美術設計：蔡學彰
出　　版：新雅文化事業有限公司
　　　　　香港英皇道499號北角工業大廈18樓
　　　　　電話：（852）2138 7998
　　　　　傳真：（852）2597 4003
　　　　　網址：http://www.sunya.com.hk
　　　　　電郵：marketing@sunya.com.hk
發　　行：香港聯合書刊物流有限公司
　　　　　香港荃灣德士古道220-248號荃灣工業中心16樓
　　　　　電話：（852）2150 2100　傳真：（852）2407 3062
　　　　　電郵：info@suplogistics.com.hk
印　　刷：中華商務彩色印刷有限公司
　　　　　香港新界大埔汀麗路36號
版　　次：二〇二〇年九月初版
　　　　　二〇二三年三月第四次印刷